AF402961

I 5
h
152

Lih 5.
152.

BATAILLE D'EYLAU.

BATAILLE

D'EYLAU.

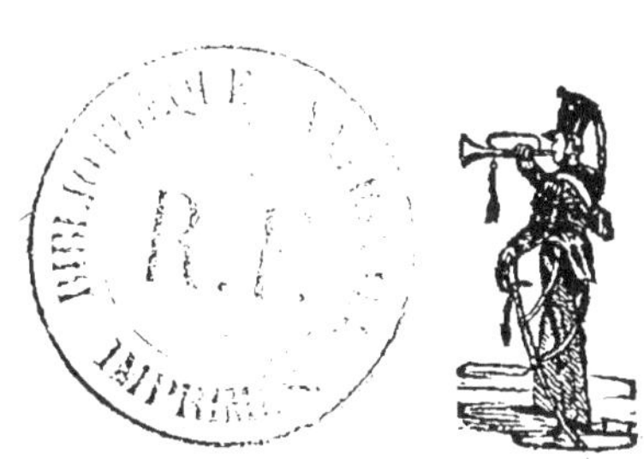

BOURGES,

JUST-BERNARD, LIBRAIRIE-ÉDITEUR,

Rue Cour-Sarlon.

—

1849.

CE QUE M'A RAPPELÉ

MA VISITE

AU PANORAMA D'EYLAU.

—

Parmi les époques de ma vie militaire, il en est quelques-unes dont le souvenir se retrace à moi plus palpitant, plus empreint de majesté à mesure que le temps les éloigne d'aujourd'hui. On n'a pas fait les guerres de l'empire depuis les camps de Boulogne et de Brest (1804) sans avoir été à la fois spectateur et acteur d'une foule de ces grands drames que d'habiles et impartiaux annalistes dérouleront un jour. Je dis un jour, car toutes consciencieuses que peuvent se croire les plumes de l'heure présente, je ne sache pas qu'une d'elles ait dit l'entière vérité sur les détails dont l'ensemble établira l'histoire de ces luttes de géants.

Dans ses adieux à Fontainebleau, Napoléon avait dit :

« J'écrirai l'histoire de nos campagnes. »

Lui seul de notre siècle pouvait le faire avec cette rigoureuse justice qui sied aux pages historiques.

Les contemporains en sont presque toujours réduits soit à manquer de documents exacts, soit à les accueillir par trop contestables. L'assemblage de récits ou notes de témoins oculaires doit exclusivement selon moi, inspirer une pleine confiance ; leur style fera plus honneur à l'authenticité des faits, s'il est plus naturel. Coordonner et harmoniser les événements sera ensuite le travail d'une plume exercée, facile et simple, franche et vibrante. Le porte-feuille du soldat, composé d'études et de souvenirs, ne saurait former un livre, car rien n'est plus disparate que les lignes fugitives tracées à la hâte, soit dans l'ivresse d'une victoire ou la douleur d'une défaite ; aujourd'hui, avec le sentiment du bonheur qui nous accompagne dans un pays ami ; un autre jour, avec la défiante curiosité qu'inspirent des mœurs nouvelles et une terre couverte d'embûches qui semblent menacer à toute heure notre vie ou notre liberté. Cependant les jours de paix arrivent ; assis au coin du feu, on veut rafraîchir sa mémoire dans le passé, on retourne à ses notes, on les relit, on les complète avec ce calme du matelot qui a touché le port, et alors se raniment les émotions d'un autre temps qui semble ressusciter pour vous les aventures de la vie belliqueuse.

La lecture des ouvrages écrits depuis trente-cinq ans m'avait donné l'idée de publier maintes réfutations ; mais, je l'ai dit, le temps, mieux que moi, saura faire justice des erreurs réfléchies et involontaires.

Il y a quelques jours, attiré vers les Champs-Elysées par un soleil resplendissant, je voulus revoir pour la vingtième fois peut-être ce que je nomme le chef-d'œuvre de mon camarade le colonel Langlois, oui, chef-d'œuvre, parce que Langlois n'était pas à Eylau ; trop jeune encore, il ne devait que plus tard sentir se révéler en lui le don instinctif du vrai et la facilité de le traduire aux yeux.

Le colonel Langlois, une des vieilles colonnes brisées à Water-
loo, combattait lors de ce dernier conflit dans les rangs de la
garde impériale ; entré au service en 1806, il avait pu prendre sa
bonne part des triomphes de nos armes, comme s'attrister de nos
revers, grâces à Dieu si rares. Le génie de la peinture éclata sou-
dainement dans sa tête à Bourges, en 1815, où il était en sur-
veillance et où je *grognais* ainsi que plusieurs autres frères d'armes à la demi-solde. Langlois dessinait sans interruption.... Je
vois toujours ses esquisses militaires, si chaleureuses ! Doué d'un
talent immense de reproduction, il emplissait des scènes connues
de son passé des cartons qui devaient se transformer plus tard en
œuvres d'une portée si merveilleuse. Que de batailles animées il
retraçait ! Je faisais les plans de quelques-unes.... il les mettait
en action..... vous vous seriez cru sur le terrain.

Lorsque, plus libre de ses momens, Langlois put se livrer aux
grandes compositions, il attaqua résolument les immenses toiles
destinées aux panoramas. On se souvient des succès inouïs qu'eurent pour titres les panoramas de *Navarin*, d'*Alger*, de la *Moskova*,
de l'*Incendie de Moskow*, et en dernier lieu, celui d'*Eylau*, dont
je parle.

Le colonel Langlois ne s'est pas borné dans sa relation histori-
que à citer les bulletins de l'empereur, non plus que les rapports
plus ou moins véridiques dont chacun s'empressa de lui faire
l'offre aussitôt que fut connu son vaste projet.

C'est muni d'un nombreux bagage de bulletins et de rapports
officiels, de cartes, plans et autres documents recueillis par lui-
même dans les cartons du ministère de la guerre qu'il entreprit
le voyage d'Eylau.

Il voulut, pas à pas, sur le terrain, suivre la marche des plus
puissantes colonnes et des moins forts détachemens. Il compara les
ouvrages publiés par nos adversaires, et après un fort long et
très sérieux examen, il écrivit de telle sorte les détails de l'action,
qu'il ne nous a pas fait grâce de la plus petite péripétie.

Le théâtre du combat est si exactement reproduit sur la toile,
que pas un acteur de ce drame sanglant ne peut manquer de reconnaître les positions successives tenues par le corps d'armée,
la division, le régiment auquel il appartenait.

Le double travail du colonel Langlois, son récit consciencieux et vrai, son tableau gigantesque, c'est là, sous deux formes, l'une et l'autre heureuses, un monument impérissable.

J'entrai ces jours-ci au panorama, pour m'extasier de nouveau devant cette page de la vie de mon camarade, laquelle suffirait certainement pour le porter à la postérité.

Assis tour à tour en face des différents points de vue, j'écoutais le bulletin de l'affaire, psalmodié à chaque visiteur par le vieil invalide, ce débris d'Eylau, qui vous fait suivre pas à pas les péripéties, le progrès de la bataille, jusqu'au moment où la grande charge, commandée par le grand duc de Berg (Murat) et Bessières, culbute plusieurs lignes d'infanterie russe. On assiste vraiment à la rencontre des masses de cavalerie des deux armées ; 15,000 sabres sont levés du même geste !...

Ma préoccupation me retint longtemps au milieu de ce carnage qui rougissait la neige..... qu'une neige nouvelle recouvrait.

Langlois, dans son tableau, s'est emparé du seul effet d'éclaircie qui rayonna sur le champ de bataille. Il a saisi l'heure solennelle où s'accomplit la grande charge à fond.

Le ciel, un instant, quitta son voile de brume. L'empereur pût juger l'ensemble des positions, c'est alors qu'il ordonna au grand duc de Berg de fondre impétueusement sur l'ennemi avec la cavalerie de réserve et à la cavalerie de la garde, commandée par Bessières et Rapp, de seconder le mouvement.

« Cette manœuvre audacieuse, s'il en fut jamais, et qui était de-
« venue nécessaire dans la circonstance où se trouvaient nos co-
« lonnes, couvrit de gloire la cavalerie.

« La cavalerie ennemie qui voulut s'opposer à cette manœuvre,
« fut culbutée, le massacre fut terrible, deux lignes d'infanterie
« russe furent rompues, la troisième ne résista qu'en s'adossant à
« un bois, des escadrons de la garde traversèrent deux fois l'ar-
« mée ennemie... la garde à cheval s'est surpassée. » (58e bulletin
de la Grande-Armée.)

Lorsque l'empereur ordonna ce grand mouvement, les lignes russes étaient visibles ; toutefois, la neige qui avait cessé un moment de tomber, ne tarda pas à obscurcir l'air de nouveau, les colonnes d'attaque n'en continuèrent pas moins leur élan d'offensive, mais dès lors, sans directions assurées.

Cette charge brillante culbuta 20,000 hommes d'infanterie et força l'ennemi à nous abandonner son artillerie dont les canonniers furent sabrés sur leurs pièces.

Que de traits héroïques ont enregistré les rapports du temps : deux sur mille ne fatigueront peut-être pas trop nos lecteurs. Voici un fait qui a immortalisé son héros.

Deux escadrons du premier régiment de grenadiers à cheval de la garde, sous les ordres du colonel Lepic, avaient détruit par une charge à fond plusieurs lignes d'infanterie, tout-à coup il se trouve enveloppé d'un océan de neige qui ne lui permet plus de reconnaître sa position.... Cerné inopinément sur tous les points, le colonel, sommé de se rendre.... « Regarde ces figures là, dit-il au colonel russe, font-elles mine de céder? » Il n'a pas encore achevé, qu'il se précipite sur son adversaire et lui coupe la figure. Le jour se faisait de nouveau, il n'y avait pas une minute à perdre.... « Ca-
« marades, s'écrie Lepic, il nous faut encore passer sur le ventre à
« deux lignes russes, puis nous irons, nous et notre aigle, retrou-
« ver le quartier-général. » Le régiment s'élance au cri de Vive
l'empereur!.... Les Russes, d'abord stupéfaits, accourent de toutes parts et s'opposent en grand nombre au mouvement audacieux des grenadiers; mais, en dépit de leurs masses écrasantes, ils sont culbutés, et Lepic, gravement atteint de plusieurs coups de baïonnettes, parvient à rejoindre l'empereur suivi de son intrépide régiment, qui, dans les charges successives, n'a essuyé que des pertes légères.

Cette brillante conduite valut, le jour même, au colonel Lepic le grade de général avec une dotation de 30,000 fr. et plus un don de 50,000 fr. en or, qu'il s'empressa de distribuer à ses soldats.

Je passe au second trait, tiré des annales de la division d'Hautpoul.

Le 5e régiment de cuirassiers, qui faisait tête de colonne, est forcé d'exécuter un mouvement de retraite après avoir culbuté plusieurs lignes russes, une masse de cavalerie lui dispute le retour; on se bat quelque temps corps à corps. L'intrépide lieutenant Collin, déjà sabré, est entouré.... Il se défend comme un lion.... Huit à dix adversaires tombent sous ses coups.... son cheval est tué... il combat à pied.... Enfin, il parvient à saisir celui d'un officier supérieur qui n'a pu parer un coup de pointe énergique.

On ne saurait dire tout le chemin qu'eût à parcourir ce brave, au travers des lignes ennemies, avant de revenir près de ses camarades. Le régiment déplorait sa perte, lorsqu'on le voit accourir tout sanglant, mais monté sur un magnifique cheval richement harnaché.

Le lieutenant Collin, particulièrement estimé du général d'Haut-poul, combattait depuis longues heures à ses côtés, lorsque, voyant tomber son général blessé dangereusement, il se jette au plus fort de la mêlée, sabrant d'estoc et de taille pour rassasier la soif de sa vengeance militaire.

Ce vieux brave, l'un des décorés de Boulogne (1804), aujour-d'hui capitaine en retraite, habite Paris.

Je m'abstiendrai d'entrer dans plus de détails sur cette mémora-ble journée, si exactement, si chaleureusement décrite par le colo-nel Langlois dans la relation qu'il publia en 1846.

Je reporterai mes souvenirs vers le déclin du jour, à ce premier moment, où nous pûmes enfin prendre quelque repos et déplorer nos pertes. Bientôt les ombres de la nuit enveloppèrent de leur voile funèbre la vaste hécatombe.... Un silence de mort pesa sur le double camp... Les deux armées, épuisées par d'incroyables ef-forts, prises d'une sorte de stupeur en face d'un grand carnage, qui ne révélait pas une grande victoire, gardaient néanmoins leurs dernières positions de combat, séparées par la plaine sanglante, où durant huit heures tant de braves creusèrent et reçurent une tombe héroïque.

Les mouvements se régularisèrent de part et d'autre, on établit des bivouacs, plusieurs lignes parallèles sont dessinées par les feux entre ces lignes... La mort et les sanglots déchirants des blessés en-sevelis sous la neige, qui n'avait cessé de tomber tout le jour... L'aspect de ces innombrables feux... les manœuvres qui s'opéraient en silence parmi les corps disposés au second plan... tout faisait prévoir une bataille plus acharnée encore et plus décisive pour le lendemain. Jamais en moins d'espace, un plus grand nombre de ca-davres n'avait couvert la terre, l'ennemi y laissa 10,000 hommes, les Français, 6 à 7,000 ; à mesure que les hommes tombaient, la neige qui tombait aussi, les couvraient d'un même linceuil, et quand le soir fut venu, quand les Français, maîtres du champ de bataille, eurent allumé sur cette vaste plaine tâchée de sang, les feux de bivouacs, on vit d'espace en espace cette neige s'agiter, des blessés engourdis par le froid, réveillés par les lueurs qui leur promettaient des secours, secouer leurs suaires, se lever, et Russes ou Français, amis ou ennemis, se traîner vers ces feux sauveurs, où tous furent reçus comme des frères, et où les secours de la chirurgie furent distribués sans qu'on demandât à aucun quelle était sa nation.

Mais bientôt un grand tumulte s'élève du côté de nos adversaires! Nous apprenons la cause de cette alerte par le retour des officiers envoyés en reconnaissance, c'est Alexandre qui renonce à la lutte, il part et emmène à grands pas son armée vers la Prusse orientale, où il va retrouver ses réserves et ses vastes approvisionnements en vivres et munitions.

Ce monarque, dont les troupes venaient d'être éprouvées si cruellement cédait à une fatale nécessité : 40 pièces de canon, 16 drapeaux et 15,000 prisonniers restaient en nos mains.

Cette sanglante affaire venait d'être commandée par Napoléon en personne, ayant sous lui le grand-duc de Berg, les maréchaux Augereau, Soult, Ney, Davoust et Bessières. Augereau fut grièvement blessé ; tous les officiers de son état-major furent atteints plus ou moins gravement. Le capitaine Marbot, aide-de-camp du maréchal (aujourd'hui général de division), avait, en marchant sur une batterie, essuyé le feu de si près, qu'un boulet lui avait troué son chapeau non moins nettement qu'aurait pu faire un emporte-pièce. (Il conserve cette relique).

Le septième corps n'existait plus ; la mitraille russe l'avait rayé des contrôles ; ses forces, ou plutôt les ombres errantes qui avaient échappé à ces immenses funérailles , furent versées dans les différents corps d'armée.

Au drapeau du 24e régiment de ligne se rallièrent quelques blessés qu'on ne pût retenir aux ambulances. Pauvre 24e!!.... Il comptait à peine 400 baïonnettes. Ce noyau si digne d'intérêt, et l'objet d'une si glorieuse sympathie fut incorporé dans la célèbre division Dupont, sous les ordres du prince de *Porte-Corvo*.

La saison était au plus fort de ses rigueurs, l'armée avait besoin de se refaire. L'empereur ne jugea pas à propos de frapper encore le coup de grâce, il crut sage de réparer ses pertes, d'ailleurs Alexandre et son allié le roi de Prusse, avaient continué à battre en retraite jusque derrière la Prégel.

Les fertiles et riches contrées de la Poméranie présentaient par elles-mêmes des ressources faciles, puissantes, infinies, Napoléon n'était pas homme à n'en pas profiter, alors qu'il suffisait d'avancer la main pour recueillir.

L'armée prit ses cantonnemens entre la Vistule et la Passarge.

Plusieurs corps eurent pour mission de distraire ces heures de repos à la prise de Marienbourg, de Dantzick, à l'enlèvement des places les plus importantes qui bordaient la Vistule, aussi n'eurent-elles garde d'oublier ce passe-temps, l'habitude est une seconde nature.

Le premier corps marcha sur Braunsberg, une des principales cités riveraines, afin de s'assurer ce point de passage, et de pouvoir faire tête de colonne à la reprise des hostilités.

Le premier regard jeté par le prince de *Porte-Corvo* sur les infortunés débris du 24e régiment fut plein d'une affectueuse et pénible émotion, son cœur se serra, il se rappela involontairement ce lendemain de sa brillante journée de halle, où il escorta l'Empereur sur le champ de bataille tout peuplé de cadavres, et vit Napoléon se découvrir avec respect devant les débris d'un régiment ennemi qui s'était laissé noblement anéantir.

Le général Dupont, dans le but de conserver ce qui restait du brave 24e régiment, voulut le mettre en seconde ligne à la prochaine affaire; mais le colonel Semellé qu'aucun péril n'étonne, et comblé de sollicitude pour ce qui touchait à l'honneur et à la fierté du soldat, demande comme une grâce, d'être placé à son rang de bataille; d'aller là, où son numéro l'appelait, à l'avant-garde !

— Si votre volonté est irrévocable, dit le général Dupont, eh bien, je vous laisse toute liberté de manœuvres, aux premiers coups de fusil.

L'occasion ne tarda pas à s'offrir. La veille du combat attendu, le colonel s'entoura de son régiment auprès d'un vaste feu de bivouac.

— Mes camarades, dit-il, l'empereur a été témoin de notre affreuse destruction à Eylau, il m'a fait proposer de nous envoyer sur les derrières, dans quelque bonne ville de Prusse pour nous rétablir de nos désastres.... J'ai déclaré que le 24e regarderait ce privilège comme un déshonneur. — Ah ! oui, mille tonnerres... Ah ! oui.... S.... D.... vous avez bien fait, bien dit, mon colonel, s'écrièrent ces braves, de tout l'accent de leur énergie.

— Eh bien! mes camarades.... eh bien! mes amis, c'est pour demain, notre revanche sur les Prussiens! Si notre rang de bataille nous favorise pour l'attaque, pas un coup de fusil, mes amis, pas un seul, mais à la baïonnette!

— A la baïonnette! répétèrent toutes les voix avec cette mâle exaltation des soldats de la grande armée à l'approche des actions solennelles.

Aussitôt le régiment, ou pour mieux dire ce lambeau de régiment s'organisa en cinq pelotons d'hommes valides, qui se réunirent en cinq groupes autour de leurs feux, et durant de longues heures on ne parla plus que d'un nouveau titre espéré pour le lendemain à l'estime et à l'admiration de l'armée entière.

L'ennemi nous attendait en grande force non loin de Braunsberg, malgré son échec du 16 à Ostrolenka ; 20 pièces de canon firent bientôt pleuvoir au hasard dans la direction de la route, boulets, obus et mitraille.

En ce moment la neige tombait à larges flocons, nous pûmes, à l'abri de ce rideau blanc, manœuvrer sans être aperçus et fondre inopinément sur la ville en tournant l'ennemi par sa droite.

Un rayon de soleil démasqua notre mouvement audacieux et détermina l'ennemi à refuser son aile droite pour nous faire face : mais déjà nous atteignions les jardins d'enceinte. Ma compagnie, commandée par le lieutenant Tasset, engage aussitôt le combat corps à corps avec un bataillon de grenadiers prussiens postés en réserve sur la place du grand faubourg, en avant du pont de la Passarge; alors la fusillade se croise, ardente et sans relâche. Tasset est tué. Je prends le commandement de la compagnie; je fais remarquer une allure d'hésitation dans la troupe qui nous est opposée. Nous crions tous d'une seule voix : A la baïonnette! Le clairon sonne la charge... une balle l'étend à terre, je me saisis de son instrument, trop inhabile pour en tirer les notes de circonstance, je le remplace par le cri de: *Vive l'empereur!* Devant cette exclamation magique, rien jamais n'avait su résister aux Français.

Le bataillon prussien tire au hasard et se prend à fuir; infanterie, cavalerie, artillerie, gagnent, traversent pêle-mêle, dans une confusion effroyable et la baïonnette aux reins, le pont leur unique et suprême refuge.

Nous n'étions pas soixante réunis : c'était trop peu pour barrer le pont, mais assez pour cribler ceux qui tenteraient le passage sous nos balles envoyées à bout portant.

Le pont est bientôt couvert de cadavres, l'ennemi cherche de toutes parts des issues à son affreuse déroute.

Depuis une heure, l'un des plus beaux régiment de la cavalerie prussienne, soutenait avec une grande bravoure la retraite de l'armée (1). Il se trouvait aux prises avec quatre faibles escadrons du brave 5e régiment de chasseurs, commandés par l'un de nos meilleurs colonels, l'intrépide Bonnemains (aujourd'hui lieutenant-général en retraite), mais plusieurs charges à fond triomphent enfin du nombre et de la résistance opiniâtre des ennemis.

La crainte d'être pris inspire à ce beau régiment un acte de grande audace : il saute par dessus les amas nombreux de morts et de blessés, puis il parvient enfin à se confondre parmi les groupes des premiers fuyards.

La division de Dupont arrivait au pas de charge, toujours devancée par le 24e régiment.

Liberté de manœuvre, avait dit le général Dupont. Liberté de manœuvre, avait répété le colonel Semellé à ses chefs de pelotons ; aussi chaque groupe s'était élancé par des chemins, par des rues diverses, par les jardins, par les faubourgs, et toutes ces fractions avaient pénétré dans Braunsberg. Une courte résistance essayée dans la rue principale dut plier devant nous, et la victoire fut enfin complète (2).

Ici je sens le besoin de faire trève au récit de ce combat dont le souvenir me rappelle une occurence dans laquelle j'ai eu à partager une bien grande affliction.

---

(1) Ce magnifique régiment, LES HUSSARDS NOIRS, surnommés, par eux-même, la terreur des Français, comptait six forts escadrons. Il était commandé par un émigré français !! M. le marquis de la Roche Aymon (ex-pair de France, général de division en retraite.)

(2) Le général Dupont cita dans son rapport :

Les capitaines Dunet, Roy, nommés chefs de bataillon.

Les lieutenants Tasset (tué), Henry, Petit, nommés capitaines.

Les sous-lieutenants Lessard, Marnier, Gazan, Demay, Leclerc, Bardolet, Sauvageot, nommés lieutenants.

Les sous-officiers Demazure, Provost, Lacaze, Sertelet, Leroux, Rogier, Henry, nommés sous-lieutenants.

ALBERTINE.

Peu de jours après la bataille d'Eylau, mon régiment avait été cantonné pendant quelques jours dans un village près d'Elbing. Les officiers étaient logés dans un château appartenant au baron de...

Le châtelain nous accueillit de la façon la plus courtoise, la baronne que nous n'avions occasion de rencontrer que fort rarement ne quittait pas l'appartement de son fils unique dangereusement malade, disait-on.

Comme il est en général assez fréquent de voir à la suite de ces hospitalités forcées, de légères collisions s'élever entre les militaires et les habitants, je fus chargé par le colonel, pendant le peu de jours que nous restâmes au château, de veiller au maintien de l'ordre.

Le baron et la baronne eurent souvent recours à mon ministère : de là des relations dont nous n'eûmes qu'à nous louer mutuellement. Je m'employai même et je réussis à obtenir en faveur de leur fils un passeport à la destination de Kœnisberg, où il désirait aller rétablir sa santé. Je le fis également accompagner aux avant-postes, par un sous-officier de ma compagnie, le sergent Lefebvre, cœur brave, droit et loyal, sur lequel toute confiance pouvait se reposer à juste titre.

Après un court séjour, nous marchâmes donc sur Braunsberg où eut lieu l'affaire dont je viens de parler.

Au moment où victorieux, nous arrivions à l'extrémité de la rue principale, j'aperçus un jeune officier prussien, qui se perdait en vains efforts pour ramener quelques tirailleurs au combat ; il bravait notre feu avec une intrépidité que je ne pouvais me défendre d'admirer. Nous n'étions plus qu'à trente pas de lui : on l'eût dit invulnérable. Je saisis l'instant où il m'était possible de couper sa retraite, je m'élance vers lui en lui criant de se rendre. Il se défend, mais je parviens à le désarmer, il demeure mon prisonnier. J'attachais le plus grand prix à cette noble capture, je m'en applaudissais, lorsqu'un de mes soldats, pensant que je luttais avec un ennemi, l'ajuste.... et le brave jeune homme tombe dans mes bras, en m'appelant d'une voie étouffée son bon camarade.... son frère !...

La balle l'avait atteint en pleine poitrine. J'étais hors de moi, et si j'eusse connu alors l'auteur de ce meurtre, quelque louable qu'en eût été l'intention, j'aurais à coup sûr payé d'un châtiment mortel un acte méritoire en lui-même.

Je remis mon pauvre blessé au sergent Lefebvre qui se trouvait près de moi, je le lui recommandai tout particulièrement et je retournai à la poursuite de nos adversaires.

Les Prussiens chassés, nous prîmes position dans la ville, et ma première pensée fut de courir à la recherche du dépôt confié à mon sergent. Ce dernier avait été blessé lui-même, quelques minutes après mon éloignement, toutefois, il n'avait abandonné l'officier qu'à l'heure où ses soins lui étaient complètement devenus inutiles. Un soldat (1) qui avait été témoin de la mort de ce jeune homme, m'instruisit du triste évènement et me raconta les détails qui suivent.

« Vous nous aviez à peine quitté que le sergent fut blessé au bras droit d'un coup de feu ; je lui offris de me charger du prisonnier, il s'y opposa en dépit de sa blessure et de mes instances.

» Nous déposâmes le blessé dans une maison et je courus à l'ambulance pour y chercher un chirurgien ; mais à mon retour le jeune officier n'était déjà plus... ; le sergent pleurait à chaudes larmes... ; il ne songeait qu'à son désespoir, et ne s'occupait même pas de son sang, dont la perte l'affaiblissait à vue d'œil ; on le pansa presque de force, et il partit immédiatement avec un convoi de blessés ; il m'a chargé de vous remettre cette montre, ce médaillon et ce porte-feuille de la part du malheureux officier. Ce jeune homme, assure le sergent, désirait de toute son âme de vous voir avant de mourir ; sans cesse il vous appelait, et il expira votre nom sur les lèvres. Le sergent ne voulait pas également partir sans

---

(1) Nattier, aujourd'hui garde champêtre à Pierremande (Aisne).

vous avoir vu ; il avait tant de choses à vous dire sur tout ce qu'il avait appris de l'officier prussien. Au surplus, mon lieutenant, le sergent a promis de vous écrire dès son arrivée à l'hôpital. »

Je ne comprenais pas extrèmement, je pensais que le soldat s'abusait, car je ne me souvenais pas d'avoir jamais connu d'officier prussien. J'étais persuadé qu'il en était absolument ainsi du côté de mon sergent ; tout ce que je venais d'entendre se révêtait pour moi d'un épais mystère ; il me tardait de l'éclaircir.

L'image de cet infortuné jeune homme ne me quittait pas ; tant d'intérêt s'attachait à sa personne! Vingt ans, une physionomie noble et douce, une bravoure admirable et toutes les apparences d'une âme d'élite. Lorsque je l'avais désarmé, il ne semblait pas moins heureux de tomber entre mes mains de préférence à tout autre, que j'éprouvais de joie de ne l'avoir pas blessé. Dans cet instant trop rapide, nos cœurs s'étaient compris ; une douce et cordiale sympathie paraissait devoir nous lier à jamais.

Je voulus le revoir encore ; sur ses traits, qu'altérait seule la pâleur de la mort, se lisait toute la sérénité d'une âme limpide et sainte. Je donnai des ordres pour que les devoirs religieux lui fussent honorablement rendus ; puis, je m'éloignai de cette maison, car mes yeux débordaient de larmes. J'avais vingt ans aussi, moi ; une mère, une sœur, dont j'étais la pensée, l'adoration..... Peut-être avait-il une sœur, une mère....

L'armée entra aussitôt en cantonnements ; mon régiment occupa Frauenbourg ; alors j'ouvris, non sans une peine infinie, le portefeuille fermant à secret, que le soldat m'avait remis, il contenait un portrait : celui d'une jeune personne de la plus rare beauté ; des chiffres enlacés et une devise d'amour me confirmèrent dans la croyance que cette image était celle de sa compagne ou de la femme destinée à l'être un jour.

Je ne possédais pas assez la langue allemande pour comprendre le sens des papiers enfermés dans le portefeuille ; eux seuls cependant pouvaient m'apprendre quelle était la famille du malheureux jeune homme. J'avais peur d'une indiscrétion et ne voulais confier à personne un secret qui n'était pas le mien ; à force de temps et de patience, j'arrivai à une traduction des lettres et dès lors je fus en demeure d'agir.

Quels furent mon étonnement et ma douleur, lorsque je découvris que cet officier n'était autre que le colonel Eugène de... fils

du baron naguère notre hôte... ce même Eugène dont j'avais pro-
tégé, sans le connaître personnellement, le départ pour Kœnisberg,
passionnément aimé de la belle jeune fille dont il m'avait légué le
portrait. Il n'attendait plus que la fin des hostilités pour s'unir
éternellement à elle.

La dernière épître d'Albertine portait une date fraîche encore ;
elle lui apprenait que le château de sa mère était occupé par Napoléon. « Nous sommes réfugiés à la ville, poursuivait-elle, ma mère
s'y trouve plus calme ; la vue seule d'un Français exalte mon in-
dignation ; on redoute de moi quelque imprudence ; nous ne sor-
tons pas et nous ne recevons personne. Depuis que l'empereur des
Français habite le château, nous avons obtenu la liberté d'un assez
grand nombre de prisonniers. Ah ! plût à Dieu que la captivité fût
l'unique malheur qui te menaçât ; toute mon ambition est dans ces
deux mots : Te revoir !

« Si tu savais ! je n'existe plus depuis ton départ, mon bien-aimé !
des visions affreuses m'assiégent le jour et la nuit ; la mort me se-
rait plus douce mille fois que de voir durer plus longtemps cette
déchirante séparation ! Eugène ! Eugène ! pourquoi nous avoir fuis ?
Pourquoi avoir quitté ton Albertine ? Sais-tu que c'est presque de
l'ingratitude ? Que n'ai-je fait ? que ne ferais-je pas pour toi ? comme
je t'aime ! Les grandeurs, les splendeurs du rang le plus élevé du
monde, j'ai tout sacrifié, tout répudié, renoncé à tout sans effort,
avec bonheur, pour m'entourer de ton amour ; pour toi, n'ai-je
pas osé braver jusqu'aux décrets d'un père puissant d'un père il-
lustre ! Reviens.... oh ! reviens auprès de ton amie, chaque heure
de la journée sonne pour elle une nouvelle agonie.

« L'honneur ! l'honneur te rappelait, dis-tu, au poste du danger !
Mais cet honneur fatal, insatiable, ne lui avais-tu donc pas , ami ,
payé ta dette assez chèrement ? Ta dernière blessure saigne encore
à mon cœur. Eh quoi ! les larmes de ta mère , mes sanglots si
éloquents n'ont pu te retenir ; à peine convalescent, marcher à de
nouveaux périls ! Oh ! du moins n'expose pas des jours qui ne t'ap-
partiennent plus.... ils sont à moi, Eugène, toi mort , je meurs.
Combien j'en veux à cet officier qui protégea ta fuite !...... Comme
toi, je l'avais pu bénir jusqu'au jour du péril, mais aujourd'hui je
hais, je maudis sa générosité. Je lui demande compte des motifs
qui l'ont entraîné ! Tu appelles cela du désintéressement ! Qui me
dit à moi qu'il n'ait pas eu soif de sang et qu'il n'ait pas cherché

ainsi à répandre le lien? Pourtant ma tendre mère (1) gémit de la haine que je manifeste à tout propos pour qui porte le nom de Français. Je cesse mon explosion d'animosité par vénération filiale. »

Une lettre d'Eugène, non achevée, renfermait ces lignes :

« Et tu viens m'accuser, moi qui voudrait avoir mille existences pour te les donner toutes! Tu oses me dire que ce n'est pas pour moi un devoir sacré de rejoindre notre infortuné monarque afin de repousser cette audacieux Napoléon! Le destin qui sert son ambition effrénée doit-il donc ne finir jamais de le favoriser? Un temps viendra, n'en doutons pas, où lassé de protéger l'injustice et l'agression, la fortune assistera enfin les braves opprimés d'aujourd'hui. Quelques jours encore, mon amie, et tu me verras revenir vainqueur. Dis, quelle gloire pour moi, ou plutôt quelle gloire pour nous deux! N'en dois-je pas la première part à ton amour, à ta sublime condition, à tes sacrifices angéliques! Oh! alors quelles récompenses vaudront une parole de tes lèvres! quels trophées me seront aussi doux qu'un baiser d'Albertine? »

Malheureuse mère! m'écriai-je à cette lecture.... infortunée jeune fille, comment vous instruire toutes les deux de la catastrophe horrible qui est venue vous frapper?

Ces anxiétés douloureuses tourmentaient péniblement mon esprit, lorsqu'une lettre du sergent Lefebvre ajouta de nouveaux détails à ceux que m'avait fournis le soldat Nattier.

« Malgré ma blessure, écrivait le sergent, je refusai d'abandonner le brave jeune homme que vous m'aviez confié, je le fis déposer dans une maison ; tandis que Nattier s'en allait chercher un chirurgien, j'essayai d'étancher le sang qui coulait à flot de cette noble poitrine: revenant pour ainsi dire à la vie, le jeune officier ouvrit les yeux, me regarda d'un air de surprise et vous demanda. Je lui répondis que vous étiez hors la ville et que l'on continuait à se battre. »

. — J'aurais tant besoin de lui parler! disait-il avec un soupir.... mais, vous, sergent, ne me reconnaissez-vous donc plus? Avez-vous oublié qu'un soir vous voulûtes bien m'accompagner jusqu'aux avant-postes ?

---

(1) La belle marquise de ***, émigrée, dont le mari avait été l'une des victimes de la révolution.

— Oh! ce coup-là m'abattit, mon lieutenant, j'aurais donné tout au monde pour sauver ce brave officier. Chaque .instant l'affaiblissait davantage, il ne cessait de vous appeler. Ce cher lieutenant ! j'aurais bien des confidences à lui faire ! « Sergent, ajouta-t-il d'une voix expirante, remettez-lui ce médaillon, ainsi que mon portefeuille, priez-le de les faire parvenir à ma malheureuse mère , dont il connaît toute la tendresse. »

Et des larmes brûlantes inondaient son visage déjà livide.

— Conservez ma montre.... elle est à vous.... qu'il voie ma mère.... mon Albertine.... et qu'il.... et qu'il.... la bouche était glacée, mon lieutenant.... elle n'articulait plus , et ce beau jeune homme expira dans mes bras! J'ai remis le portefeuille à Nattier, il vous donnera également la montre. Je devine toute la triste consolation dont elle peut être un gage pour la pauvre mère. Je m'estimerai heureux d'avoir aidé à soulager une douleur si légitime. J'avais coupé aussi une mèche de ses cheveux, je la joins à ma lettre.

Ce récit m'imposait une pénible obligation, je donnai avis à mon colonel de tous ces événements , il me conseilla de partir pour Elbing. Je lui obéis, quelques heures après, je fus chez l'infortunée baronne.

Quelles scènes déchirantes m'attendaient là! et dans quelle position embarrassante je me trouvai jeté! Des prisonniers faits à Brauensberg avaient annoncé les résultats du combat; on savait que mon régiment avait taillé en pièces le régiment d'Eugène, que le nombre des tués et des blessés montait à un chiffre considérable , nul n'avait pu donner des nouvelles du colonel Eugène !

Albertine était depuis vingt-quatre heures dans un état déplorable! sa raison s'égarait , elle accourut vers moi en désordre, les cheveux épars.

— Où est-il ? où est-il? où est Eugène? Qu'est-il devenu? Vous me l'avez ravi. Oui, c'est vous qui me l'avez arraché.... infâme Français.... Ah ! vous l'avez assassiné!.... mais non, monsieur..... non, vous me le rendrez, n'est-ce pas ? Au nom du ciel, rendez-le moi !

Ses regards, ses gestes, ses éclats désordonnés bouleversaient et glaçaient mes sens. Je ne trouvais plus de voix.... les larmes vinrent à mon aide.

Il n'en fallut pas plus pour confirmer les parents d'Eugène dans

leurs pressentiments sinistres, et dès lors ce fut un tableau de désespoir général que la plume essaierait en vain de chercher à re-
tracer.

Je restai jusqu'au soir au milieu des larmes, joignant les
miennes à celles que j'avais eu le malheur de faire couler. Lors de
mon départ, la baronne n'était pas encore revenue de son premier évanouissement. La sœur d'Eugène, plongée dans une morne
stupeur, ne répondait à aucune question. Albertine avait perdu le
peu de raison qui lui restait... Elle me nommait son Eugène, par-
courait tous les appartemens, demandait à revoir sa robe de noce..
J'avais le cœur navré!....

Le baron seul avait reçu cette atteinte terrible avec la force
d'âme qui caractérise un homme supérieur; il reçût avec une
vive émotion les précieuses reliques que j'apportais, et désira être
informé de toutes les circonstances connues de moi.

— Vous voyez, mon ami, la situation affreuse où je me trouve.
Tout ce qui m'entoure est certes bien à plaindre; mais le plus
malheureux c'est moi!.... Le coup est mortel!....

Et, à ces mots, il plaça la main sur son cœur en regardant le
ciel.

— Que Dieu protège vos jours! poursuivit-il, revenez me voir
au retour de la campagne; si je survis à cette epouvantable catastrophe, vous trouverez en moi un ami, un père qui n'oubliera
jamais votre générosité.

Je me retirai le deuil au cœur, loin de cet asile de désolation.
Partout et sans cesse, une pensée, une seule me tourmentait. Il
Il était temps que ma douleur trouvât à se distraire par de nou-
veaux combats.

Nous remportâmes à Friedland la victoire décisive que l'on sait;
et la paix fut signée à Tilsitt, aussi désastreuse pour nos adversaires que glorieuse pour la France.

L'armée alors eut l'ordre de rétrograder; nous prîmes la route
de Berlin, en passant par Braunsberg, où deux mois avant le pauvre Eugène avait trouvé son lit de mort.

J'avais hâte d'apprendre des nouvelles de la famille. J'allais de-
vancer mon régiment pour me rendre au château, lorsque je vis
accourir à ma rencontre le sergent Lefebvre, vêtu en bourgeois.

Ah! mon lieutenant, me dit-il, je venais au devant de vous. M.
le baron est ici, et désire vous voir. Mlle Albertine habite éga-

lement Braunsberg, et moi, mon lieutenant, j'ai mon congé, je suis propriétaire de la maison où est mort le malheureux fils du baron. Venez, venez chez moi, je vous raconterai tout ce qui s'est passé depuis votre départ.

Arrivé chez lui, je trouvai la maison à peu près transformée en un petit temple, la chambre mortuaire d'Eugène était tendue en noir, une urne cinéraire enfermant son cœur était déposée sur un autel en marbre noir.

Lefebvre m'apprit qu'à sa sortie de l'hôpital il s'était arrêté au château de ***. Le baron avait acheté la maison de Braunsberg, l'avait embellie et la lui avait donnée en propriété, à la condition qu'il l'habiterait et qu'il ne quitterait plus la famille. La baronne n'avait pas survécu à son fils; la sœur d'Eugène avait suivi de près sa mère dans la tombe.

Albertine, rendue à la raison, avait entièrement renoncé au monde; privée de sa mère, elle s'était logée dans une maison voisine de celle de Lefebvre, et elle distribuait aux pauvres de la contrée d'abondantes aumônes.

Chaque jour à une heure fixe, elle venait prier et pleurer sur les restes de son ami, la seule idée de se rejoindre un jour, de se réunir à lui, causait quelque soulagement à ses maux.

Le baron était venu dans le voisinage d'Albertine; il n'existait plus que par les douces consolations de cet ange éploré.

Je n'osais me diriger vers eux, mais Lefebvre m'assura qu'ils étaient impatients de me revoir et qu'ils m'attendaient.

Lorsque j'entrai chez le baron, Albertine était près de lui, occupée à préparer les aumônes du lendemain.

— Je craignais bien, mon ami, de ne plus vous revoir, me dit le baron en m'ouvrant ses bras; mon fils, embrassez-moi !

Il me serra sur son cœur avec une vive émotion et en m'arrosant de ses larmes.

Albertine, vêtue de noir, m'appelait son frère.

— Nous vous attendions depuis longtemps, reprit le baron ; il nous reste une dernière faveur à vous demander, et nous comptons trop sur vous pour croire un seul instant à la possibilité d'un refus.

Je n'hésitai pas à promettre d'avance.

Le baron me remit alors un médaillon entouré de diamants.

— Le monarque dont vous voyez l'image, me dit-il, est le père d'Albertine. Ce modèle de vertus et de beauté avait abdiqué pour mon fils tous les illustres priviléges de son berceau, toutes les brillantes destinées de son avenir. Maintenant qu'elle se regarde comme unie pour toujours à celui qu'elle a tant aimé, elle vous remet ce gage, à vous le dernier bienfaiteur de son époux ; elle veut ainsi consommer à la fois tous les sacrifices et les rattacher tous à un seul et digne objet.

Il se retira en prononçant ces dernières paroles, et il me fallut quitter sans les revoir l'auguste vierge et l'hôte vénérable dont le souvenir, après tant et de si longues années, vient encore m'arracher des larmes.

Parmi tant de notes prises pendant nos grandes guerres, écrites les unes au bruit du canon, les autres à la lueur de l'incendie, le soldat reporte plus doucement ses yeux et ses souvenirs vers celles qui lui rappellent des actes d'humanité ; ce sont des provisions qui nourrissent et rafraîchissent l'âme pendant les doux loisirs de la paix.

Le colonel MARNIER,

Ancien capitaine au 24e de ligne.

Bourges, Imprimerie de Veuve MÉNAGÉ, rue Paradis, 16.

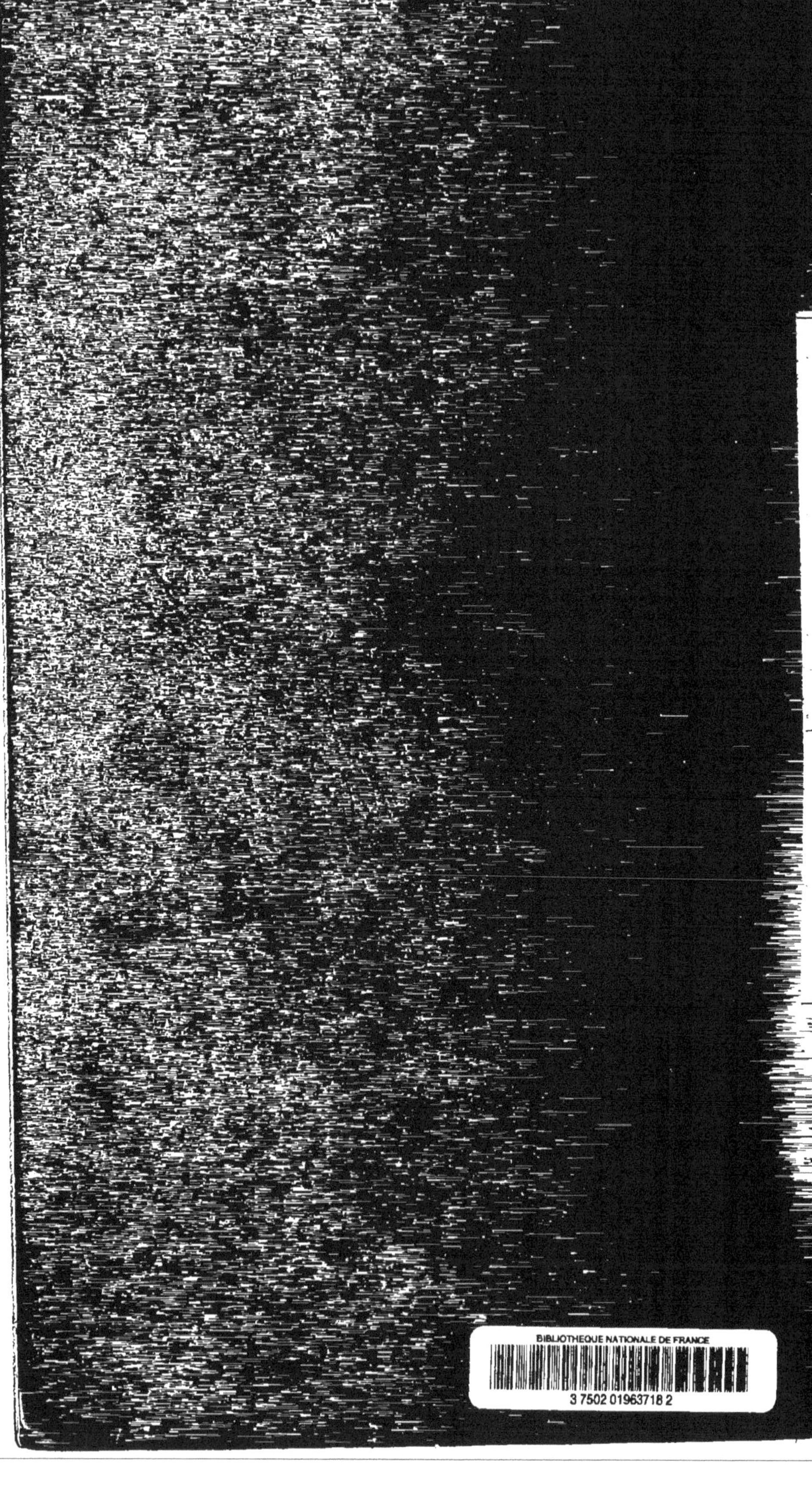